LE
CRIME DU 13 FÉVRIER

ET

LE MOYEN D'EN PRÉVENIR DE NOUVEAUX.

PAR M. BELLEMARE.

A PARIS,

CHEZ PILLET AINÉ, IMPRIMEUR-LIBRAIRE,

ÉDITEUR DE LA COLLECTION DES MŒURS FRANÇAISES,

RUE CHRISTINE, N° 5.

1820.

LE CRIME DU 13 FÉVRIER

ET

LE MOYEN D'EN PRÉVENIR DE NOUVEAUX.

———

S'IL n'est pas au pouvoir des hommes de réparer l'immense perte que la France déplore ,
il dépendrait de nous, du moins, de calmer les
inquiétudes qu'elle cause et d'affaiblir l'effet
d'une aussi grande calamité. Pour peu qu'on
veuille y réfléchir, il est évident que le bras
d'un seul meurtrier n'eût pas suffi pour ébran-
ler tout l'édifice monarchique , si les femmes
de la dynastie étaient au nombre des colonnes
qui le soutiennent. Un remède proportionné
à l'étendue des maux de la patrie se trouve
donc indiqué par la nature même de sa dernière
plaie : c'est l'abolition de cette loi salique devenue si contraire à l'état de fixité dont le royaume
a besoin, et qui forme d'ailleurs un triple contre-
sens et avec les mœurs françaises, et avec les

principes du gouvernement représentatif, et avec tout le reste du système européen.

En admettant que, dans l'origine, le statut de Pharamond ait été fondé sur de puissantes considérations politiques, quelles sont aujourd'hui les raisons qui peuvent militer en sa faveur ? Dans l'ordre de choses établi par nos lois nouvelles, le sort des sujets ne saurait plus dépendre ni des qualités d'un prince plus ou moins habile, ni de l'éclat d'un règne plus ou moins brillant. Il est admis que le chef d'une monarchie coustitutionnelle est exempt de blâme et d'erreur ; tous les publicistes s'accordent à lui reconnaître une sorte d'infaillibilité morale et politique ; et enfin la science de gouverner n'est requise que dans les premiers serviteurs de la couronne.

Si telles sont la combinaison et la force d'organisation des gouvernemens représentatifs, qu'il n'y puisse survenir aucune variation ni à la faveur des régences et des minorités, ni par l'effet des incapacités personnelles ; si, du fond d'un berceau comme des bords de la tombe, la plus faible main royale suffit pour en tenir les rênes ; si, dans ces derniers tems, on a vu la Grande-Bretagne atteindre à son plus haut degré de force et de splendeur sous le règne d'un prince frappé de mort dans ses facultés morales ; si, en un mot, notre régime constitutionnel nous met à l'abri des inconvéniens attachés au personnel de la royauté, par quelle étrange contradiction affecterions-nous de voir du danger à ce que les femmes puissent hériter du trône ? Assez de règnes brillans les ont proclamées habiles à gouverner ; assez de pages glorieuses leur sont consacrées dans l'histoire ancienne et moderne ; assez de preuves de sagesse et d'actions héroïques ont associé leurs noms aux noms les plus illustres, pour qu'avec elles on ait peu de raisons de craindre l'abus du pouvoir, et encore moins la dégradation du trône.

Ici un vain étalage d'érudition serait inutile pour montrer combien le diadême des femmes a répandu d'éclat sur toute la civilisation. L'univers s'entretient encore des merveilles du règne de Sémiramis, et le nom de Babylone ne vivra pas plus long-tems que le sien dans le souvenir des hommes. La Russie, l'Autriche, l'Angleterre et l'Espagne racontent avec orgueil la gloire des souveraines qui les ont illustrées. Quoique le droit des femmes les appelle rarement au trône, et qu'il ne serve, pour ainsi dire, qu'à remplir les lacunes de la royauté

6

ᵗ elles occupent dans le domaine de l'histoire un espace si considérable et un rang si distingué, que cette seule considération devrait suffire pour décider la question. Prenez au hasard, sur la liste des princes qui ont gouverné , un nombre égal de rois et de reines, et vous verrez que la balance ne penchera pas du côté où notre orgueil place communément la force et la supériorité.

Quel suffrage, au surplus, ou quel jugement équivaudrait à celui que renferme ce peu de mots de Frédéric II : « Sémiramis commanda des » armées ; Elisabeth d'Angleterre est comptée » au nombre des grands politiques ; Marie- » Thérèse d'Autriche a montré beaucoup d'in- » trépidité à son avènement au trône ; mais » aucune femme n'avait encore été législatrice : » cette gloire était réservée à l'impératrice de » Russie. » Il n'eût tenu qu'au roi de Prusse de multiplier les citations ; et, dans ce cas, il n'aurait sûrement point omis le nom de cette reine de Castille , à qui l'on doit la découverte du Nouveau-Monde, uniquement parce qu'elle eut à elle seule plus de bon sens que tous les hommes réunis des gouvernemens d'Angleterre, de Gênes , d'Espagne et de Portugal. L'histoire est là pour attester que le génie de Christophe

Colomb ne fut entendu que du sien ; et que si, à cette époque, les trônes de l'Europe n'eussent été occupés que par des rois, l'Amérique resterait probablement à découvrir.

Puisqu'il est notoire que l'art de gouverner n'est point au-dessus de la capacité des femmes ; puisque l'expérience s'est prononcée en faveur de leurs règnes, pourquoi resterions-nous plus long-tems privés des espérances de gloire et de bonheur qui s'y attachent ? Par quel contre-sens bizarre se trouvent-elles repoussées du trône dans un pays où elles règnent en détail ; où tout s'anime de leurs inspirations ; où l'esprit de chevalerie est né de leur ascendant et du besoin de leur plaire ; où tous les usages de la vie sociale se règlent sur leur influence ; où rien enfin ne se décide que par leur jugement et ne se consacre que par leur autorité ? Comment se fait-il qu'en leur reconnaissant les qualités nécessaires pour présider à nos mœurs publiques et à toute l'économie de notre civilisation, nous leur refusions en même tems ce que les peuples les moins polis leur accordent sans difficulté ? Ne paraît-il pas singulier que leur empire soit établi parmi nous sur tous les autres points, et que sur un seul nous nous réservions envers elles l'orgueil, le despotisme et les superbes dédains de l'Orient ?

Mais voici peut-être la plus remarquable de nos contradictions : ces mêmes femmes auxquelles nous refusons le droit de gouverner comme reines, nous les reconnaissons habiles à gouverner comme régentes. C'est-à-dire que nous les trouvons capables de régner au nom d'autrui, et incapables de régner en leur propre nom ; comme s'il était naturel de les supposer plus soigneuses d'une gloire étrangère dont presque rien ne leur doit rester, que des intérêts d'une gloire personnelle qui hérite entièrement de ses œuvres.

Une chose non moins difficile à expliquer, c'est notre durable respect pour une coutume qui nous est venue à travers les plus épais brouillards de la civilisation, et qui est restée vaguement établie en fait, sans que personne ait pris la peine de l'examiner sous le rapport du droit (1). Comment, en effet, concilier ce

(1) A des époques où rien n'était réglé en politique et en législation, on trouva commode d'emprunter beaucoup de petites choses aux *Saliens*, qui, parmi les Francs, passaient pour le peuple le plus avancé dans la civilisation. Chez eux, il était d'usage de partager les terres conquises entre les conquérans, c'est-à-dire que ce qui venait de l'épée retournait à l'épée. On en formait des espèces de majorats comme ceux de Bonaparte, lesquels n'étaient transmissibles que de mâles en mâles. Cette disposition avait pour objet de faire protéger par de bons bras des possessions très-litigieuses de leur nature,

respect avec la disposition actuelle de notre conscience politique, qui ne sait plus rien recevoir de confiance, ni transiger sur aucune idée du tems passé? A voir la facilité avec laquelle nous reconnaissons encore l'autorité de Pharamond, jamais on n'imaginerait que nous sommes devenus le peuple du monde le plus difficultueux en matière d'engagemens et d'obéissance, et que nous avons beaucoup de peine à entendre raison sur les plus légitimes droits de la royauté contemporaine. Rien n'est comparable à notre aversion pour tout ce qui re-

puisqu'elles n'étaient établies que sur le droit du plus fort. Sans appliquer formellement cette coutume au trône, on le considéra cependant comme une sorte de majorat qui avait aussi besoin du secours de l'épée; et on partit de là pour ne le laisser occuper que par des hommes. Ainsi, la loi salique n'est en réalité que l'interprétation ou l'extension d'une règle que les Saliens appliquaient à une autre chose. Or, voici en quoi ce raisonnement, pardonnable alors, manquerait aujourd'hui de justesse : les trônes ne sont point des propriétés individuelles qui aient besoin d'être mises sous la protection de l'intérêt privé ; ce sont des possessions nationales à la conservation desquelles l'universalité des citoyens se trouve appelée et intéressée à concourir, parce qu'elles représentent tout et que tout suit leur sort. Que peut donc faire ici un calcul de supériorité physique par rapport à la personne d'un souverain? Ce n'est qu'un bras de plus ou de moins qu'il faut ajouter ou retirer dans l'évaluation générale des forces dont se compose la puissance publique.

trace de près ou de loin ce que l'on nomme les tems gothiques, les mœurs gothiques, les institutions gothiques. C'est à tel point qu'on n'ose presque plus nous parler seulement du quinzième siècle, parce que nous le trouvons déjà trop gothique pour l'état actuel de notre raison et de nos lumières. Et quand il s'agit de la loi salique, nous oublions volontiers qu'elle remonte à quatorze siècles, et qu'elle fut importée en France par les plus anciens Barbares de la Germanie.

- Ce n'est pas, assurément, que la nation française ne me paraisse suffisamment liée par le statut de Pharamond, et que tout ce qui se passe sous l'empire d'une tradition incontestée, ne soit parfaitement régulier. Je veux dire seulement que la dynastie actuelle, sans préjudice de ses droits acquis et de la possession réglée pour chacun de ses mâles, pourrait remédier aujourd'hui, dans nos formes constitutionelles, à un ordre de succession qui l'expose à s'éteindre sous le fer des meurtriers, puisqu'il est vrai que les meurtriers de nos jours se dirigent d'après des calculs de publicistes sur l'hérédité de la couronne.

Quoique l'histoire nous laisse ignorer les considérations qui firent adopter la loi salique, la différence des mœurs et des tems est assez considérable pour que les raisons d'État, les motifs et les convenances d'aujourd'hui n'aient rien de commun avec les nécessités d'alors. Au cinquième siècle, la barbarie couvrait l'Europe: toute la science d'un roi de France consistait à faire la guerre et à payer de sa personne. Il ne régnait pour ainsi dire, qu'à la pointe de l'épée. Toujours à cheval ou sous la tente, il vivait en soldat, et son trône n'était qu'un pavois. Ainsi les travaux de la royauté excédaient les forces d'une femme, et se trouvaient d'ailleurs incompatibles, non-seulement avec ses devoirs de mère et de veuve, mais avec toutes les bienséances imposées à son sexe. Considérons ensuite qu'un chef d'armée déjà fort embarrassé peut-être pour fonder une dynastie, avait des ménagemens à garder avec ses proches rivaux, et qu'il pouvait y avoir quelque politique de sa part à ne les déshériter qu'à demi de l'espérance de lui succéder. Qui sait même si le sacrifice du droit des femmes ne lui fut pas commandé par des guerriers barbares qui ne pouvaient concevoir la puissance morale que dans la force physique, et la royauté que dans les camps? Mais ce qui fut alors pour un prince de la Germanie une convenance particulière ou un embarras de situation, peut-il nous avoir liés à perpétuité? Qüelle sorte d'analogie découvret-on entre la position d'un chef de nomades et celle d'un roi constitutionnel; entre l'héritage de Clodion et celui des frères de Louis XVI; entre la veuve de Pharamond et la petite-fille de Marie-Thérèse?

Avant de nous prêter aux arrangemens du cinquième siècle, commençons par nous prêter aux besoins du nôtre; avant de consulter l'auteur de la loi salique, commençons par consulter notre situation et notre avenir. Sûrement, la France ne nourrit pas beaucoup de monstres capables de plonger un poignard dans le sein de ses princes; mais enfin le peu qu'elle en compte se trouve dans la même disposition de cœur et d'esprit que le féroce Caligula quand il s'écriait : « Plût aux Dieux que le peuple » romain n'eût qu'une tête, afin qu'elle pût » être abattue d'un seul coup! » S'il nous reste des monstres de l'espèce dont il s'agit, on ne peut douter qu'ils ne forment le même vœu à l'égard des membres de la dynastie; et, à coup sûr, il voudraient aussi qu'elle n'eût qu'une tête. Ce serait donc tromper leurs calculs et les frapper de découragement, que d'augmenter à leurs yeux la difficulté de réduire la monarchie au veuvage, et de tarir la source du sang royal. Plus ils verront de racines à couper, moins ils céderont à la tentation d'arracher l'arbre. Dans ce genre de crime, un scélérat ne se décide guère que par l'idée d'un résultat effectif et prochain, dont il puisse se promettre de jouir. Une perspective éloignée effraie son esprit; et quand le succès définitif d'une entreprise dépend d'un grand nombre de succès séparés qui ne conduisent que lentement au but, son imagination s'étonne et se refroidit devant la foule de chances périlleuses à travers lesquelles il faut passer. S'il ne restait qu'un coup de poignard à donner en France pour épuiser le cœur de la monarchie, ne craignons pas de le dire, le danger serait grand, et un troisième Ravaillac sortirait probablement du fond des enfers.

Autant qu'il est permis d'entrer dans ces calculs et de sonder l'abîme des perversités humaines, on peut dire que la sûreté individuelle des princes décroît à chaque perte qui en diminue le nombre, parce que les motifs qui poussent des scélérats au parricide sont plus déterminans à l'égard de trois têtes qu'à l'égard de quatre, et que le second coup de poignard approche plus du but que le premier. Si donc vous voulez diminuer les périls de la monarchie, augmentez le nombre de ses ressources. Désespérez ses ennemis en proclamant plus de titres nouveaux qu'ils n'en ont détruit ; en leur opposant plus de colonnes qu'ils n'en peuvent briser, plus de remparts qu'ils n'en peuvent renverser ; en leur montrant tout ce qu'il y a de filles du trône, comme autant d'héritières des droits qu'ils cherchent à éteindre.

Afin de mettre les princes de la famille royale à l'abri des attentats qui pourraient se renouveler contre eux, on s'épuise en combinaisons et en sollicitudes ; aucun sacrifice ne coûte et ne doit coûter en effet pour assurer la garde d'un dépôt aussi précieux. Or, il est impossible d'imaginer un moyen de sûreté plus efficace et plus immédiat pour eux, que l'abolition de la loi salique. D'un seul mot, on doublerait les forces de la dynastie ; on retrouverait pour elle plus de sang royal qu'elle n'en vient de perdre ; et l'on désarmerait ce que la lie des révolutions pourrait encore cacher de monstres, en multipliant à leurs yeux les tiges de la famille héréditaire. Puisque Louvel avait calculé les résultats de son crime, qu'on lui demande s'il l'aurait commis après l'abolition de la loi salique. Il répondra sûrement de manière à fournir un puissant argument contre elle.

On dit qu'un prince auguste doit avoir été supplié de renoncer à ses pensées de veuvage éternel. Si cette démarche avait eu lieu en effet, c'est que le premier trouble de la douleur publique aurait empêché d'y réfléchir et d'en sentir l'inconvenance. Ce n'est pas au nom d'un intérêt politique et pour demander la réparation d'un intérêt politique, qu'il est permis de s'adresser au cœur d'un père livré à des angoisses d'un autre genre, et qui ne voit rien de réparable dans ce qu'il a perdu. Il y aurait, dans l'expression d'un tel vœu, je ne sais quel froid calcul, je ne sais quelle teinte d'égoïsme et de légèreté, qui formerait un révoltant contraste avec l'amertume des douleurs paternelles. Et à quels titres d'ailleurs oserions-nous attendre des gages de stabilité, de celui qui a tant à se plaindre de l'usage que nous en faisons; et qu'aurions-nous à répondre s'il nous demandait ce que nous avons à offrir en échange? Dans ces derniers tems, la royauté s'est vue soumise à des épreuves si cruelles et environnée de tant d'afflictions, qu'aujourd'hui peut-être les infortunés princes qui nous restent, ne jugent pas que l'avantage de régner mérite d'être acheté au prix de tant de douleurs et d'adversités. Pour avoir le droit de les importuner de nos tristes vœux, attendons du moins que la couronne de France ait cessé d'être une couronne d'épines. Jusque-là, nous sera-t-il permis de la montrer comme un appanage tellement séduisant, que le cœur d'un père ne puisse se défendre du désir d'en multiplier les héritiers?

Du reste, ce côté de nos espérances ne saurait offrir ni en promptitude, ni en efficacité, rien de comparable à l'abolition de la loi salique. Cette mesure renferme à elle seule toutes les sûretés et tous les remèdes que nous cherchons. Elle augmenterait nos garanties nationales sans qu'aucun inconvénient s'y trouvât attaché, puisque le droit des femmes ne commencerait jamais qu'autant que celui des mâles de la branche régnante viendrait à être épuisé. Sur cet objet, d'ailleurs, la puissance législative n'est enchaînée par aucune disposition de la charte; et il ne serait pas naturel, en effet, que par respect pour une coutume des Saliens, la France voulût se dessaisir de ses principaux gages de stabilité.

Après avoir montré en quoi la sûreté de l'Etat se trouve intéressée à l'abolition de la loi salique, il me reste à examiner, sous d'autres rapports, les avantages politiques qui en découleraient.

Est-il une terre plus préparée que la France

à porter le trône des femmes, et où leur sceptre parût plus léger? Où chercherait-on pour
eux des sujets plus disposés à recevoir leur joug,
plus susceptibles d'enthousiasme et plus fiers
de leur obéir? C'est leur ascendant qui forme
le trait le plus distinctif de notre caractère
national; il se trouve, pour ainsi dire, gravé
au fond de nos mœurs et de notre éducation.
A coup sûr, il n'existe aucun autre pays où
l'empire des femmes puisse produire, au besoin, plus d'exaltation et d'héroïsme. Ajoutons que dans l'ordre de nos idées, leur autorité a quelque chose qui étouffe le murmure
des ambitieux, et les console de l'obéissance;
quelque chose qui enchaîne toutes les prétentions et adoucit tous les chagrins de l'orgueil;
quelque chose enfin qui appaise les mécontentemens et les violences, qui détourne la rébellion de ses mauvaises voies, et la rend comme
honteuse d'elle-même.

Ce n'est pas que le même esprit ne se fasse
remarquer ailleurs, et n'agisse quelquefois
puissamment jusque sur les peuples les plus
froids. C'est ainsi, par exemple, qu'on a vu
naguère toute la Hongrie s'enflammer à la voix
d'une reine, et soutenir pour elle, dans une
crise décisive, un poids d'adversités sous lequel

peut-être le même peuple eût laissé succomber un roi.

Avec des ressources infiniment bornées, la mère de Henri IV obtint de ses sujets du Béarn, des efforts surnaturels et des prodiges d'enthousiasme qui la rendirent supérieure à tous les périls de sa situation. A la place de Jeanne d'Arc, un berger de Domremy n'eût pas chassé du royaume une armée jusque là victorieuse, et relevé le trône de France. A la place de sa femme, un bourgeois de Beauvais n'eût pas précipité du haut des remparts de sa ville, les soldats qui venaient d'y arborer le drapeau du vainqueur, ni produit l'élan de patriotisme qui sauva la Picardie de la fureur des Bourguignons. A la place de la célèbre duchesse de Montfort, son mari n'eût pas trouvé cinq cents hommes capables de renverser avec lui, comme avec elle, le corps d'armée qui allait prendre la forteresse d'Hennebon.

C'est qu'il y a pour nous dans le commandement et dans l'exemple des femmes, une sorte d'électricité dont les effets sont incalculables. On rougirait de ne pas savoir jouer sa vie pour elles; et il semble qu'une armée qui marcherait au nom d'une reine de France, se croirait obligée d'être encore plus invincible que les autres. Ce ne fut certainement pas le cimeterre de Jeanne d'Arc qui opéra les prodiges de sa victoire ; ce fut sa présence. On comprend très-bien qu'aucun soldat ne veut être moins héros qu'une jeune fille de dix-huit ans. Voilà tout le secret de cet immense succès que les juges du tems ne surent attribuer qu'à la magie.

Il n'est pas jusqu'aux folies mêmes de la chevalerie qui ne servent à faire pressentir combien les règnes de femmes seraient propres à développer en France le germe des passions nobles et généreuses. A travers ces brillans écarts de l'esprit et du cœur, on découvre une exaltation de sentimens héroïques et un genre particulier de dévouement dont la politique n'aurait pas de peine à s'emparer dans ses nécessités. Enfin chacun de nous sent au fond de son ame et de son caractère, quelque chose qui semble dire que rien ne serait impossible à une reine de France, et qu'aucun danger ne pourrait arriver jusqu'à elle sans avoir brisé tout ce qu'il y a de force dans le royaume (1).

(1) S'il est un ouvrage propre à justifier chacune de ces assertions, sans contredit c'est *la Gaule poétique* de M. de Marchangy. Il serait difficile d'élever un plus beau monument à la gloire des femmes, et de faire ressortir d'une manière plus

Que la mobilité d'esprit qui nous distingue soit un avantage ou un inconvénient; que notre réputation d'nconstance et de frivolité soit plus digne de reproche que de pardon, il n'en demeure pas moins vrai que, pendant plusieurs siècles, notre nation n'a cessé de briller dans tous les genres de gloire, et de grandir en importance. Or, si avec l'ancien type de ses mœurs, elle est parvenue à se faire envier et admirer de toutes les autres, à occuper le monde de sa renommée et à prendre le premier rang dans la civilisation de l'Europe, il est permis de craindre qu'il n'y ait rien à gagner pour elle dans une nouvelle direction d'idées et dans les efforts qu'elle pourrait faire pour devenir froide et sérieuse. Ce n'est donc pas sans inquiétude qu'on doit la voir s'enfoncer dans les graves études de la politique, au risque d'y laisser avec son repos, et son goût pour les arts, et les grâces de son esprit et les brillantes formes de son caractère.

Quand les plaies de la patrie auront cessé de

honorable pour elles les mille titres qui les recommandent à l'admiration du monde. Assurément, les Françaises doivent être fières de descendre des illustres Gauloises auxquelles M. de Marchangy a emprunté les plus nobles inspirations de sa *Gaule poétique*.

saigner, et qu'il lui sera permis de quitter le deuil qu'elle porte depuis trente ans, sans doute le naturel français reprendra sa pente, et nous éprouverons le besoin de retourner aux plaisirs délicats dont la révolution n'aura pas entièrement desséché les sources. On conçoit qu'alors des règnes de femmes, qui viendraient, de loin en loin, rompre la monotonie de notre marche politique, pour nous faire participer au mouvement et aux nobles dissipations d'une cour brillante, répandraient, sur notre vie sociale, une sorte de variété qui contribuerait peut-être à nous sauver de notre nouveau genre d'idées et d'existence. Mais, du reste, ces considérations ne sont rien à côté de nos autres motifs et de ce grand naufrage de la royauté, dont il importe, avant tout, de recueillir les précieux débris. Si nous le voulons, ces débris suffisent pour former une arche où la monarchie serait en sûreté. Il dépend des deux chambres du parlement que le coup funeste qui prive le trône d'un de ses appuis, serve à lui en procurer de nouveaux, et à multiplier le nombre de ses héritiers. L'abolition de la loi salique nous offre une immense ressource. Elle ne saurait, je l'avoue, consoler la France de la

perte qui l'afflige ; mais elle peut l'en dédomma-
ger, fixer ses espérances, consolider son avenir,

Et de David éteint rallumer le flambeau.

En parlant des rigueurs politiques invoquées
à l'occasion de l'affreux événement du 13 fé-
vrier, un orateur de la chambre des députés a
dit, avec beaucoup de raison, qu'il s'agissait
d'une affaire de convenance et de sentiment,
qui n'était pas susceptible d'être débattue dans
les formes ordinaires de la discussion et sui-
vant les principes du droit commun. Puisqu'il
est heureusement vrai que ces rigueurs n'é-
taient fondées ni sur le mauvais état de l'esprit
public, ni sur des méfiances qu'on puisse géné-
raliser le moins du monde, il n'appartenait en
effet qu'au sentiment de les conseiller et de les
justifier. Il n'y a rien là qui ne doive paraître
naturel : c'est la marche habituelle de la douleur. Dans tous les tems et chez tous les peuples ; les afflictions publiques se sont expri-
mées par des expiations et des sacrifices. Le
tableau même de la vie privée n'est qu'une suite
continuelle de traits analogues qui montrent,
dans le cœur humain, peut-être plus de besoin
encore d'offrir des consolations que d'en rece-

voir. En France sur-tout, on ne sait rien refu-
ser à la douleur d'autrui, et la compassion n'at-
tend pas qu'on lui impose des devoirs.

Cependant il est une dette de cette nature
que nous n'avons pas encore acquittée. La mort
de Louis XVI nous a laissé un grand crime à
expier, un crime de flétrissure éternelle et dont
l'avenir demandera compte à nos derniers ne-
veux. Toute la France, il est vrai, en a reconnu
l'énormité, et le jour où il fut commis demeu-
rera maudit pour elle dans la suite des siècles.
Mais, en supposant que nos larmes suffisent
pour apaiser le sang du juste, et que, du haut
du ciel, il accepte nos gémissemens; en supposant qu'il daigne faire grâce à la génération
qui l'a immolé en faveur de la génération qu'il
voit prosternée sur sa tombe, croit-on que la
postérité se contentera, comme lui, de la sté-
rile expression de nos regrets et de nos vaines
démonstrations de repentir? Il ne faut pas nous
y tromper, elle nous jugera moins sur nos paroles que sur nos actions. Elle examinera sur-tout
quel prix nous aurons attaché à la seule goutte qui
nous soit restée du sang de Louis XVI ; quels
hommages aura reçus de nous l'orpheline la plus
illustre et la plus héroïque dont le monde ait jamais admiré la grandeur d'ame et déploré les

infortunés; quelles consolations nous aur ons of-
fertes à ses incomparables douleurs; par quelles
réparations enfin nous aurons tâché de lui rendre le tribut d'amour et de confiance que, dans
un accès de délire nous avions retiré à l'auteur
de ses jours. Car c'est là, c'est toujours aux effets qu'il en faut revenir pour apprécier la con-
duite des hommes et la valeur de leurs protes-
tations.

Puissent donc nos annales apprendre à cette
sévère postérité qu'en mémoire des vertus de
Louis XVI, et en expiation du crime commis
sur sa tête royale, nous aurons dérogé à une
coutume de quatorze siècle pour accorder à
son auguste fille un titre et des honneurs inu-
sités; un titre d'autant plus légitime, qu'il ne
l'aurait placée sur les marches du trône qu'a-
près les héritiers mâles de sa branche. Cessons
de dire qu'il y a des choses qui se décident en
France par le sentiment et sans égard pour les
règles ordinaires, si les malheurs sans exemple
de la famille qui règne sur nous, si ses pertes
toujours croissantes et ses plaies sans cesse
rouvertes ne sont pas de nature à l'emporter
sur nos froides théories et à nous détourner de
nos lignes droites. Cessons de parler de sentiment, si cette noble goutte de sang échappée à

la soif des bourreaux n'obtient de nous que de vaines émotions et des paroles vides d'offrandes ; cessons de parler de sentimens, si le sort des enfans du duc de Berri nous paraît moins intéressant que le maintien d'une coutume devenue destructive de la monarchie, et qui ne se recommande plus d'ailleurs sous aucun rapport d'utilité.

Lorsque des dangers ou des alarmes nous avertissent de déroger par des lois d'exception au régime du droit commun, nous ne manquons pas de motifs pour justifier ces dispositions. En manquerions davantage pour recourir à l'abolition de la loi salique dans des circonstances incomparables, dans des besoins de situation qu'aucune autre époque n'a pu produire ? Sera-t-il jamais permis d'abolir cette coutume si elle ne l'est pas dans les jours de désastre et de deuil où la succession de Henri IV se trouve placée en viager sur trois tiges sans rejetons ; si elle ne l'est pas en faveur des femmes de la dynastie qui représentent tout ce qui reste du sang de Louis XVI et du duc de Berri ; si elle ne l'est pas dans un tems où les assassins établissent hautement leurs calculs sur l'extinction entière de la branche règnante ? Attendons-nous qu'il y ait en France des meurtriers plus confians et plus audacieux ? Attendons-nous qu'il y ait des veuves et des orphelines plus dignes de recevoir des consolations et des témoignages d'amour ? attendons-nous qu'il y ait plus de crimes à expier, plus de grandes infortunes à déplorer, des débris plus précieux à recueillir, plus de vertus à couronner ?

L'héroïque mort du duc de Berri a laissé dans les cœurs une impression profonde. La douleur publique semble demander pour la fille de cet infortuné père, quelque chose de plus que le triste avantage d'être née sur une couche royale. Le trésor que renferme le sein de sa mère peut tromper les espérances les plus chères de la nation, et ne répondre qu'à des vœux sinistres. S'il est vrai, comme on l'a dit à la tribune des députés, que dans les choses qui tiennent au sentiment, il soit permis de déroger aux règles fixes, ne doit-il pas paraître naturel d'offrir à la femme forte qu'un crime a rendue veuve, la consolation de voir réparer dans la personne de ses enfans ce qu'il peut y avoir de réparable à ses yeux dans la perte de son époux ?

Observons enfin que sous le rapport des alliances et des intérêts politiques qui en découlent, la loi salique place les filles de France au-dessous de le condition des moindres princesses de l'Europe. Si elle ne les condamne pas tout-à-fait au célibat, elle ne leur permet guères du moins de faire des mariages proportionnés à la grandeur de leur nom, et dont nous puissions retirer aucun avantage pour notre pays, ou aucun accroissement de considération au-dehors.

Ce n'est cependant point au nom de ces divers intérêts que l'abolition de la loi salique est demandée avec le plus de force et d'urgence : c'est au nom des besoins de l'Etat et du salut de la monarchie. L'avantage de cette mesure serait de surpasser en durée et en efficacité, toutes les précautions qui peuvent être prises pour la sûreté des princes de la dynastie. Car il ne faut pas se lasser de le dire : Le principal moyen de la rendre invulnérable, c'est de réunir toutes ses branches en un seul et même faisceau royal, afin que les émules de Ravaillac et de Louvel reculent désormais devant la difficulté de le rompre.

DE L'IMPRIMERIE DE PILLET AÎNÉ, RUE CHRISTINE, N. 5.